गंगा प्रसाद विमल

पचास कविताएँ

नयी सदी के लिए चयन

वाणी प्रकाशन

वाणी प्रकाशन
4695, 21-ए, दरियागंज, नयी दिल्ली 110 002

शाखा
अशोक राजपथ, पटना 800 004

फ़ोन: +91 11 23273167 फ़ैक्स: +91 11 23275710

www.vaniprakashan.in
vaniprakashan@gmail.com

PACHAS KAVITAYEN
NAI SADI KE LIYE CHAYAN
by Ganga Prasad Vimal

ISBN : 978-93-5072-356-2
Poetry

प्रथम संस्करण

मूल्य : ₹ 65

सोनम ऑफसेट, दिल्ली-110 093 में मुद्रित

वाणी प्रकाशन का लोगो मक़बूल फ़िदा हुसेन की कूची से

अनुक्रम

पेड़ों की छाया

सोयी है नन्ही गुदगुदी
दूब
चुपचाप फैली है साये में

घेरे में सँवलाई
छाया
समेटे है खुद को
धूप से
दिन से

कितनी ही पीढ़ियों के एकान्त
स्मृतियों और गाथाओं में
लपेटे हुए

धूप के अकेले विस्तार से
घिरी छाया
सन्नाटे भरे
विराट आसमान की ओर
उन्मुख है।

पेड़ों की छाया तले
भटकता है मन
जैसे खोजता हो
कारण...

बच रहेगा

सब कुछ
गिनकर देखने के बाद
जोड़ में सिर्फ शून्य हासिल हुआ

अब मैं तुम्हारे शून्य की
कल्पना में
अपना शून्य शामिल करता हूँ

करता हूँ कि इसके अलावा
कुछ कर नहीं सकता
क्योंकि व्यवस्थाओं में
सब कुछ करने वाले
पहले ही हासिल कर चुके हैं

और मैं
और अनाम तुम

जिनसे यह सम्बोधित है
जब भी देखेंगे
या सोचेंगे
तब तक करने वाले

सनसनीखेज़ खबरों के मचान पर
बैठ चुके होंगे

और हम तब भी
शून्य ही हासिल करेंगे
क्योंकि वही है जो सारे हिसाब के बाद
बच रहेगा।

पर्वत वहीं रहता है

पर्वत वहीं रहता है बियाबान में
हरे पेड़ों से पटा
घासीली ढलानों में पसरा

शिखरधारी अलसाये भाव में वह
धीरे से
मुझ में आकर
सक्रिय हो जाता है

जब भी लौटाता हूँ
तो अपने हरेपन से वह
शून्य के नीलेपन में
क्षणभर ठहरकर
तिरोहित हो जाता है

पर मेरे एकान्त को
वह चलायमान अचल
मथता है बेतरह

जो भी हो
जहाँ भी रहता हो
वह मुझी में रहता है।

आकस्मिक

कुछ कभी आकस्मिक नहीं
नियत है सब कुछ

फिर भी प्रमुदित हैं हम
आकस्मिक प्राप्ति में

जो है नहीं।
भ्रम में हैं
किस्मत की तरह

ब्रह्माण्ड में नियम हैं नियत
कुछ भी
आकस्मिक नहीं

नियत है जन्मना और जाना
नियत है यह कहना
और सुनना। आकस्मिक...

जल्दी जल्दी

जल्दी जल्दी
पाँव बढ़ाता हूँ
दूरी और बढ़ जाती है

पहुँचने पर लगता है
कहीं पहुँचने के लिए अभी
बहुत दूर जाना है।

पहुँचने पर अकस्मात
गलत गन्तव्य पर पहुँचने का
पश्चात्ताप
फिर से कहता है
जल्दी जल्दी

जल्दी जल्दी
पाँव बढ़ाता हूँ

लगता है मेरी जगह
कोई और चल रहा है
कोई और पहुँच रहा है

और मैं एक
गलत जगह पहुँचकर
पछतावे में हूँ
यह मैं हो ही नहीं सकता।

जब कुछ नहीं लिखा जाता

जब कुछ नहीं लिखा जाता
तब एक तैयारी होती है

चुप्पेपन में छिपी आक्रामकता
अपने सींग फैलाती है

शब्दों की व्यर्थता के भीतर
बाहर की ओर चलता है अर्थ

हवा में अर्थ हो आसमान में अर्थ
तब हर ओर वार करने में ही
उगता है अर्थ

व्यर्थ नहीं है कुछ न लिखा जाना
इसलिए कि आज लिखा जाने से बेहतर है
चुप रहना
कल शब्दों की जगह
चुप्पी के हथियार सदी को चीरेंगे।

आँखें खोजेंगी तुम्हें
(कामेन काल्वेव के लिए)

आँखें खोजेंगी तुम्हें
शून्य में
भीड़ में भी
पसरा होगा शून्य।

टटोलेंगे हाथ
किताबों को
पन्ने पलटते
अक्षरों में उभरेगी
तुम्हारी तस्वीर
किसी उस दिन की
बताया था पूर्व की यात्राओं के बारे में
बताया था साधारण लोगों के बारे में

उन्हीं से मिलता है तुम्हारा चेहरा
जो हैं मेहनतकश
जो रात-दिन लगे हैं स्थितियाँ सुधारने में
जो रात-दिन तुम्हें पढ़ते हैं
उभरेंगी कई तस्वीरें

तुम्हारी खामोश मुस्कान
घेरे है मुझे एक किले की तरह
पहले से ही कैद हूँ मैं
तुम्हारी सादगी में

डर

पहले लोग पैदल चलते थे

मेरे पिता घोड़ों से तय करते थे रास्ता

मैं वायुयान से

भविष्यविदों की किताबें डराती हैं
ध्वस्त हो जाएगा सारा निर्माण

और फिर चलने लगेंगे
बचे हुए लोग
पैदल।

और जब तक घोड़े विकसित होंगे
और जब तक चक्का बनेगा
उससे भी पहले
हम नहीं होंगे दुनिया में।

खून सने कपड़े

क्या तुमने कभी
सामान ढोते हुए लोग देखे हैं
उन्हीं में से
जो इस वक्त पीठ पर
सामान लादे चल रहा होगा
उसकी बीवी
और बच्चे
बाबुओं के घर घुड़कियाँ सह रहे होंगे।

क्या तुमने कभी
भीख माँगते परिवार के परिवार देखे हैं
उनकी जवान लड़कियाँ
कामुक आँखों को ज्यादा खूबसूरत दिखाई देती हैं।

बाढ़ पीड़ितों के जत्थे
बेरोजगार लोगों की भूख
अगर तुमने यह सब देखा है
तो देखो अपने सफेद-उजले
कपड़े

वे खून सने हैं।

तुम्हारे कपड़ों पर
एक बूँद खून उस कुली की

एक बूँद ननकू दलित की
...बूँदें ही बूँदें हैं
कहाँ तक गिनाऊँ
लेकिन इनकी हालत के जिम्मेदार
तुम ही नहीं
मैं भी हूँ
मेरे कपड़ों पर भी दाग हैं

और उन कपड़ों पर भी
जिन्हें गोलवलर के अनुयायी
बेखौफ पहने घूम रहे हैं।

गाँधी समाधि पर–
कसमें खाने के बावजूद...
गाँधी स्मारक के चपरासी की बीवी
चाहे उसने आत्महत्या की थी...
लहूलुहान है।

देखो देखो
राजपथ
और संसद
जो लोग चल रहे हैं
उनके खून सने कपड़े देखो
मैं हिन्दुस्तान के नक्शे पर भी
खून का धब्बा देखता हूँ
....

खून
खूनियों की जमात से घिरा है मेरा देश।

नारोपा

तुम्हीं ने आदेश दिया था
नारोपा*
इसीलिए मैं तोड़ता रहता हूँ
बनाते-बनाते

बनाने का कोई अन्त नहीं है
पर तोड़ने का अन्त है।

लेकिन
जब कुछ न बनेगा
तब क्या टूट पायेगा?

जब भी हम बनाते हैं
अपने लिए सुरक्षा
बस एक भय होता है
और नारोपा
तुड़वाता रहता है भय

---

*सुप्रसिद्ध तिब्बती सन्त के भारतीय गुरु।

दासता

पहले मैं जिस्म में
कैद हूँ

जिस्म
गुरुत्वाकर्षण में।

गुरुत्वाकर्षण कैद है
सौरमण्डल के क्रम में

सौरमण्डल
अकाशगंगा में

आकाशगंगा
अन्तरिक्ष में।

बाहर से मैं
गुलाम हूँ
इन्द्रियों का

इन्द्रियाँ वासना की
वासनाएँ अर्थ की

अर्थ व्यवस्था की
व्यवस्थाएँ विचार की दास

और विचार ही हैं
जो मुझे
मुक्ति के लिए
प्रेरित करते हैं

और विचार
खुद बन्दी हैं
मस्तिष्क में।

कहते हैं
मस्तिष्क आत्मा का गुलाम है

आत्मा मैंने ही कहाँ देखी है?

काम

आँख छापती हैं खबरें
 और खबरें
हलचल मचाती हैं।

वह जिसे देखा था एक पल
ठीक ऐसे अंकित हुआ
कि अक्सर
वह एक ख़याल
कामनाओं की शक्ल लेता।
और कुछ नहीं देता
बस यही कि पूरे दौर
यहाँ वहाँ
बसन्त ही बसन्त
बना रहे।

भविष्य

भविष्य एक गोल डिब्बे में बन्द है
और बच्चे खेल रहे हैं डिब्बे से।

कितनी बड़ी सम्भावना है
एक बड़े दिगूमण्डल में

सभी कुछ बन्द है कुछ खुलने के लिए
अनाम मृत्युएँ, अन्त
और खिलते हुए फूलों की तरह निर्माण।

पर्दों के पीछे छिपी बैठी हैं सभी सम्भावनाएँ।
बच्चे डिब्बे से खेल रहे हैं
जो उनमें धीरे-धीरे खुल रहा है
या
एक आग की तरह सुलग रहा है

जलने और बुझ जाने के लिए
एक बड़ी सम्भावना इस सारे खेल के निमित्त
कहीं रचना पा रही है।

आत्मबोध

कितने छोटे हैं
हम
ऊपर उठकर ही
देख सकते हैं

अन्तरिक्ष की आँख से
न देखे जाने वाले
मनुष्याणु।

सिर्फ मनुष्य ही
कैद है अन्तरिक्ष में
जो खुद को
देख सकता है
थोड़ा ऊपर उठकर।

सूखा

न बन-घाटियों की आग
न चीड़ की लपट

न कोई आकस्मिकता
खेत मैदान फटे। न कोई भूकम्प

जैसे बंजर सूखा आसमान
धरती पर आया हो उतर

सरकारी खबरें या दूसरे अखबार
कहते होंगे बहुत कुछ

किसानों की आँखें, घास लाती औरतों के पाँव
पानी उलीचते हाथ
मीलों-मील चलते कदम
कह देते हैं सब कुछ। हाँ...सब कुछ।

तुम्हें सम्बोधित है यह

मैं तो तुम्हें देख रहा हूँ। सदियों से नहीं
कुछ ही वर्षों से

नींद से जागकर देखने जैसा नहीं
बल्कि आत्मग्लानि के रूप में

सदियों से ऐसा ही चल रहा है चक्र
तब भी मैं जिम्मेदार हूँ
इतने वर्षों के लिए

तुम्हें देख रहा हूँ काम करते
बोझा उठाते बर्तन माँजते
जुगत से गृहस्थी चलाते

खैनी में खुश होते
सत्तू में उत्सव मनाते

तुम्हें देख रहा हूँ शहरों, गाँवों,
कस्बों में धीरे-धीरे कच्ची उम्र में
बुढ़ाते। मेरी तरह ही आँखों में
छपे होंगे ये दृश्य

नहीं तो क्या अन्धों की तरह
नहीं देखते होंगे लोग
हाँ—नहीं देखते होंगे
आज की तरह ही। उन्हें दीखते ही नहीं हैं
पटरियों पर सोते
इधर-उधर बिखरे
सब ओर दीनता से तुम्हारी ओर टक लगाये
फिर भी नहीं दीखते ये लोग
यह कविता उन्हीं को सम्बोधित है...।

ओ देवमूर्तियो!

इतिहास से
आज तक के इस लम्बे निर्वाक्
रास्ते पर
तम्हें बैठाया है मनुष्य ने
अपने विश्वास को
संशय में बदलने के लिए

तुम एक पेड़ के नीचे
छोटे से गोलाकार
शिवाकृति में
सेंदुर वर्णी या श्यामांकित
तुम में तरंगित होता है
हिमाकार वास्तव

शून्य के
अपने निजी वर्ण में
तुमने रँगा है हिमालय
हर पल
वह एक वर्ण जो मेरी दृष्टि में
बसा है अब

अगले पल इतना बदल जाएगा
कि आश्चर्य में ही होगा अन्त

इस अनन्त के
गवाह तुम
देवमूर्तियो
ओ देवमूर्तियो, तभी तो
अवाक् हो तुम
केवल चित्रलिखित

प्रक्रिया

कैसे सूझती हैं कविताएँ
कभी-कभी ऊब से
कभी-कभी डूब कर
बाहर क्या हो रहा है
जब अन्दर भी
सन्नाटा नहीं
बाहर सड़कों पर
पसरा है रविवार
भीतर काम का दिन है
काम यह भी क्या
        बहस
बहस से पहुँचेंगे हम
मैत्री के पड़ाव पर
ले जाते हैं हमें शब्द
        घेर कर
मुक्ति की ओर
मीठी लोरियाँ भी
सुनाती हैं चुपचाप
बहस से पहुँचते हैं नींद के

मुकाम पर
फिर सपने आते होंगे
        परियों वाले
बाहर खौफनाक है कुछ
        हो खौफनाक
तभी तो सन्नाटा है
भीतर बैठे हैं
बतरसिया
बोलते रहेंगे हम
ऐसे ही लिखते रहेंगे
कविताएँ।

आदिम जिज्ञासा

दो अन्धकारों के बीच
खुली रोशनी में
खिला है जीवन का फूल

दिखता है आलोक में उभरता
विकसता
सतत त्रासद में भटकता निर्मूल

उठता है शूल हाँ शूल
अँधेरे में ही होगा क्या निष्पन्न?
अज्ञात पदों के पीछे छिपी है हत्यारिन कूल
दो अन्धकारों के बीच
दिखता है रोशनी में कुछ-कुछ
शेष अदेखी रह जाती है चूल

शून्य में पदार्थहीनता से लिपटा
टँगा है हमारा आवास
यही है क्या हमारा मूल

दो अन्धकारों के बीच

मैं उसे देखता हूँ

मैं उसे देखता हूँ
देखता हूँ दूब की एक छोटी-सी
लहक में उससे
खुशगवार हवा दूर्वा के शिखरों में
भर देती है ताजगी

देखता हूँ उसे
कलकल बहते जल में
ढलान देता है मार्ग
और चल पड़ता है नद
फिर-फिर मिलने दूसरे में

उसे मैं देखता हूँ
सुबह में
शाम में
कभी-कभी विमोहित-सा
अपने काम में
उसे दूसरों की हँसी में
बच्चों की अबोधता में
उसे देखता हूँ खुद कभी-कभी
अपने एकान्त में

पर्वत-शिखरों के
श्वेताभ उजाले में
उन्मुक्ति का जो द्वार खुलता है
मन्दिर की धण्टियों में
सुषुप्ति से जाग कर

देखता हूँ उसे
आकाश में छितरे किसी एक
छोटे-से बादल में

देखता हूँ उसे
सब ओर
जब तक ऐसा कर सकता हूँ

वरना
बन्द कर अन्तरंग चक्षु
शामिल हो सकता हूँ मैं
निन्दकों, नास्तिकों,
प्रश्नकर्ताओं में

वहीं से आते हैं हत्यारे शोषक
वहीं से आती है अव्यवस्थाएँ

भविष्य के लोगो!

तुम जब हत्यारों की सूची बनाओगे
तो मुझे मत भूलना
न सही
मैंने हाथों में बन्दूक नहीं पकड़ी
पर मैं चुप था
अन्याय के वक्त
कहवाघरों में
लतीफेबाजों के बीच
जो बड़बोले थे
उनमें एक मैं भी था।

जब हत्याएँ होती थीं
मैं मुँह फेर लेता था।
कितने मरे होंगे
नाम, संख्या नहीं है मेरे पास
पर मेरी सदी में
हर साल
बाढ़ से लाखों लोग मरते थे
मैं उन्हें हत्या कहता था
क्योंकि सत्ता को मालूम था
बाढ़ आती है।

वेतनभोगी बाबुओं को क्या मतलब
कि कोई झाबुआ में डूबे
आन्ध्र या बिहार में
कहीं भी...
मुझे ठीक से इनके भी
नाम नहीं मालूम।

तुम मेरा नाम जरूर लिखना
न केवल मैं चुप था
विदूषकों के बीच था
बल्कि मैं तो
सनसनीखेज सुबह की इन्तजार में
हमेशा सजग था।

जब कुछ नहीं घटता था तब
मैं बुझ जाता था।

मैं तो हर तरफ से शामिल था
इसलिए मुझे भी सूची में शामिल करना
मुझे भी देना दण्ड
उपेक्षा का नहीं
उससे मैं जी उठूँगा
किसी शोक में
इतिहास को फिर से लिखना...
मरे सोते हुए लोग
तब सो ही रहे थे विश्वासपात्र
अफसर

मैं हत्याएँ कहता हूँ।
हत्यारों में केवल
वे ही नहीं शामिल
जिनके साधन विफल हुए थे।
अखबार
बनिये
अध्यापक
कलाकार
ये सब शामिल थे।
इसलिए कि ये अपनी-अपनी
चिन्ताओं में
अपने निर्माण में रत थे।
इन्हीं के भविष्य से कितने ही अतीत
और वर्तमान टूटे थे।

लिखना इनके भी नाम...

काश पेड़ों के पाँव होते

चल कर आता
मेरे आँगन का नारंगी पेड़
पीली उजास लिए
छतनार छाया
हर वक्त रहती साथ
कितना जलता सूरज
ईर्ष्या में
        बादलों को झिंझोड़ता
ऊपरी तल्लों पर
रहने वाली सुन्दरियों के साथ
कृष्णवत व्यवहार करता
        पेड़ों को पाँव होते
तो क्या कोई उन्हें काटता?

सब जगह रहते वे
रेगिस्तान कहाँ रहता है?
पेड़ों के पाँव होते तो
होतीं कितनी कथाएँ
कविताएँ
और बदल गयी होती

यह दुनिया।
वे चल नहीं सकते
अपाहिज
उन्हें काटते हैं लोग
उन्हें काटते हैं लोग
तो काट देते हैं
पक्षियों के आवास
प्रकृति का सदाबहार
यौवन
काट देते हैं लोग
स्मृति
और सरहद रेगिस्तान की।

बच रहेगा

इतना कुछ कहा गया है अब तक
फिर भी कुछ है जो नहीं कहा गया
मैं वही कहना चाहता हूँ

कितना कुछ लिखा गया है अब तक
फिर भी है कुछ बाकी जो नहीं लिखा गया
वही तो लिखना चाहता हूँ मैं

सहने की अनेक गाथाओं में
विचित्र-से भयंकर और क्रूरतम
सब कुछ जैसे सहा गया है
पर सूरज के आने और विदा होने तक
हर रोज—यह असहनीय वक्त
सहना पड़ता है। चुपचाप बिना इनकार किए
वही तो खोजना चाहता हूँ मैं

शब्द और अर्थ के बीच
अमूर्तित मूर्ति को
इतनी बार खोजा गया है सदियों से
फिर भी...

धूप तापती पहाड़ियाँ

खुले आसमान के नीचे
घाटियों से
सिर उठाये
सर्दियों में
धूप तापती हैं पहाड़ियाँ

और अपने सिरों पर
श्वेताभ हो आये हिमखण्डों को
झटकती हैं
सद्यःस्नाता सुन्दरियों की तरह

एक निस्तब्ध प्रतीक्षा
किसी आहट की
सन्नाटे के भरे पूरे फैलाव में
अवाक्
रूपायित होती है
नीले आकाश में।

ग्रीष्म में भी
धूप तापती हैं पहाड़ियाँ

वह जो सन्तप्त करता है मैदानों को
उसे किसी अवकाश में
सहलाकर
जब भेजती हैं सरहदों के परे
तब उसमें घोलती हैं
सन्नाटों को चीरने वाली साँय साँय

ग्रीष्म में
जब धूप तापती हैं पहाड़ियाँ
और मैदान प्रार्थना करते हैं मेघों की
तब अपने सिरों पर
ओढ़ लेती हैं
पहाड़ियाँ
शान्ति के तोरण

आकाश के विरुद्ध
मानो सीना तानकर
सूर्य की आँखों से आँखें मिलाते हुए
धूप तापती हैं पहाड़ियाँ।

कुछ आगे रहता हूँ

जिस मोड़ पर
आगे रास्ता नहीं
मैं उससे आगे रहता हूँ

तुम यानी दुनिया के लोग
किसी को सम्बोधित हैं तो वह
अदृश्य है

सहारा माँगते हैं
सुरक्षा और भविष्य
उसी से।

वह न देखा हुआ भी हो
मेरे गन्तव्य की तरह
मेरे लिए
वह मेरी पकड़ में है तुम्हारी नहीं।

तुम गन्तव्य के आगे की
सोच नहीं सकते
और मैं उससे आगे रहता हूँ

बेशक कल्पना में रहता हूँ
रहता हूँ

तुम्हारे घरों से बाहर।
तुम्हारे सोचने से आगे।

उत्तरायण

चाहे वह कोयल की कूक हो
या नयी आम्र कोंपल
या ग्रीष्म की पहली ऊष्मा
या तोतले मुँह का प्रश्न

उत्तर में
किसी हिम शिखर पर
बर्फीले पत्थर से
गिरेगी एक बूँद,
बदलती हुई रेखाओं को...

चुम्बक के बन्धन में
अपहृत हम लोग
देख पाएँगे दूसरे क्षितिजों से
नये नक्षत्र।

चाहे निपट नीले आसमान का
खुलापन हो
या दूब की हलकी सिहरन
घाटियों में अनवरत बहते नदों की
लहरों की हल्की सी कम्पन

घोषणा करती है शब्देतर
संवत्सर संवत्सर

झोली में भर
अनगिनत फूल
दूसरों के लिए
जब भी दिव्यात्माओं के नाम स्मरण से
स्पर्शित होंगे
एक नित्य-नूतन
अनित्य
भासित होगा
किसी विरल
स्मृति में

ठीक तभी
अपनी अपनी धुरियों से
खिसकेंगे
सौरमण्डल के सदस्य

और हम
गिनती में कितने ही
ऋणात्मक बिन्दुओं में
घटित होकर भी
अघटित होंगे
उत्तरायण में।

ऋचाएँ

हवा
तुम छूकर आती हो पहाड़
थोड़ा-सा मुझे भी छू लो।

कितना रोमांचक होगा
पावनता का वह हल्का स्पर्श?

बादल
तुम तानते हो मण्डोपा
कभी कभी घेर लेते हो मुझे
हिमालय को भी
एक ही घर के नीचे बँध जाते हैं
एक ही घेरे में
रिश्ते के अपनेपन
वही जल बरसाओ मेघ
जिससे अभिषेकित हैं पर्वत।

आकाश
तुम्हारो सूने वक्ष पर
चुभ रही है शिखरों की कन
कितनी गुदगुदाहट भरी

होगी वह छुवन?
झुला रहे हो तुम
अमरबेल सी मेरी धरती को
शून्य की गोद में बिठाये।
ओ! अन्तरिक्ष
अनादि से अनन्त तक
इतिहास का अतिक्रमण कर
अमरत्व में बाँध देते हो तुम मरणशील जीव को।

ओ! दिशाओ
आओ
बाँट लें अकेलापन
थकान और ऊबभरी प्रतीक्षा के बीच

आओ भर दें हम अपना-अपना देय
वही खालीपन जो भरा है खाली से
रीतने दें उसे
छीजने से...

खुलता है द्वार

कभी क्षणांश भी
आँख बन्द करते ही
खुल जाता है कपाट
स्वचलित

दीखता है कल्पनातीत विस्तार
सपनीला आकाश
सपनीली धरती

बन्द आँखों के भीतर
कितनी होगी जगह
अचरज में सोचता हूँ
पाता हूँ अचरज
निष्कर्षतः

तिनके भी समाने की
चौखट भी नहीं
वहाँ दीखता है संसार
अपरम्पार

वहाँ दीखता है शब्दातीत
हिम दृश्य
रेखांकित न कर पाये
जिसे कोई सिद्ध कलाकार

कहाँ पहुँचते हैं हम लौटकर

कहाँ पहुँचते हैं हम चलकर
सड़क से फिर सड़क पर

राज मार्गों की दिशाएँ
बड़े भवनों की ओर हैं इंगित में
पर वहाँ प्राचीर हैं
और फिर पार
थोड़े से वन और वनाली
वैसी ही पगडंडियाँ हैं शैशव सी

छोटे-छोटे निर्जन पथ
मिलते हैं जन पथों में
जन पथ
दौड़ते हैं राज मार्गों की ओर

आगे रास्ता नहीं
कहाँ पहुँचते हैं हम लौटकर
सड़क से फिर सड़क पर

गन्तव्यों के बाद
यात्राएँ खत्म नहीं होतीं

आकाश मार्गों से
चलकर ठिठकते हैं फिर सड़क पर

जीने की शर्त में
एक मात्रा है अनन्त की
दीवारों के पार अनन्त ही अनन्त है।

शून्य

मुझसे भी बड़ा है शून्य इसी से नापता हूँ उसे
कैद हूँ मैं
शून्य के ही घेरे में

जंगलों में कहीं जैसे दुबकी परछाइयाँ
रोशनी की लुका-छिपी में
कहीं है तो कहीं वजूदहीन
ऐसा ही कुछ
है भी और नहीं भी शून्य में
और उसी में कैद हूँ मैं
और उसी में कैद मुक्त

ज़ाहिर है दूसरों के लिए
मुक्ति के बाद
वृहदाकार शून्य में मिल जाऊँगा
अदृश्य शून्य की तरह

इसी से भासता हूँ कि वह है
दृश्य से अदृश्य बनता हुआ
पर इस वक्त वह मुझसे एकदम अलग है
एकदम अलग

क्योंकि मैं पैदा हुआ हूँ
और वह नहीं

शून्याभास के बावजूद जानता हूँ मैं
न दिखने पर भी वह है अस्तित्व में
और मैं उसकी कैद में

आग का घर

कहीं तो होगा ही
आग का घर...

उसे लौटाकर
वहीं बिठाना चाहता हूँ

फिलहाल
मेरे घर के करीब है वह
मज़हबी जुनून में
कब लपलपाएगी मेरी तरफ
क्या मालूम

पहाड़ पार कर आयी वह
सरहदें फाँदती
बर्फ लाँघती हुई
ठंडी न हुई फिर भी

चुपचाप पड़ोस में आकर
भस्म कर डाला उसने मेरा पड़ोस
वह जो मेरे दुश्मन थे
इतने झुलसे कि अब प्यार करने लगे मुझे

कमान थाम ली अफ़वाहों ने
उड़नखटोलों पर बैठ चले पहाड़ के पहाड़
आगबाज़ी देखने के लिए
सिमट आये लोग उधर

और हुआ भी विचित्र
कि तमाम बीती जिन्दगी
लड़ने वाली मेरी औरत
मेहरबान हो गयी मुझ पर

आग की ही करतूत होगी सब
सड़क का खूँखार कुत्ता
अब पालतू-सा
दुम हिलाकर स्वागत करता है मेरा
पढ़ता हूँ अखबार या दूसरी इबारतें
हमलों के हक़ में एक हो गयी हैं जातियाँ और धर्म

आग धीरे से पसर गयी है विचारों में
अब फ़तवे भी जलाने लगे हैं मुर्दाबुत

डरता हूँ सलाम ठोंकते
आग अगर घुस आयी घर में
मेरा तो जो होना है होगा ही
उनका क्या होगा
जो मेरी स्मृति में रहते हैं

सुनता हूँ
सबसे पहले
कठमुल्ली आग

ध्वस्त करती है
दिमाग

आग जो सीने से उछलकर
नाखूनों में बस गयी
टुकड़े-टुकड़े वही आग
बस चली है जगह-जगह
खत्म करना था जिस शीत को
उसे भी भड़का गयी आग
सोचता हूँ लौटाना ही होगा उसे
घर की ओर...

अभी उसने कर दिया ज्योति को अन्धा
अन्धा कर दिया अँधेरे को
लड़खड़ाकर अब
अगर वह यहीं टिक गयी
और मिल गयी दूसरी आगों के साथ
तो जलते रहेंगे हम
अनन्त तक
शायद जल भी रहे हों
जल ही रहे हैं अभी

इसी रो सोचता हूँ
लौटा दूँ उसे
उसी के घर
जहाँ भी हो...

वन्दना

कुछ भी लिखूँगा
बनेगी
तुम्हारी स्तुति
ओ प्यारी धरती

पहाड़ ही नहीं जन्मे तुमने
न घाटियाँ
क्षितिज तक पहुँचने वाले
फैलाव में
रचा है तुमने आश्चर्य
आश्चर्य की इस खेती से
उगते हैं निरन्तर नये अचरज

मैं नहीं
अन्तरिक्ष भी अवाक् है
देखकर तुम्हारा तिलिस्म

शून्य के अन्तहीन सूनेपन में
संरक्षित है वाग्धारा
अनन्त के कोश में

सोचता हूँ
पूरे अतीत की गाथा
कैसे खोलेगा
आकाश
क्योंकि
उसी से फूटते हैं राग
उसी से झरती है अबोधता
झरता है आदिम मोह

वन्दना है तुम्हें याद करना
भूलना भी टेक है प्रार्थना की
जिस पर ठहर
कुछ पल
विन्यास से विग्रह कर
पा लेता हूँ
वही सूत्र

जिसे अब लिखूँगा तो
अन्तिम पंक्ति होगी
पिछले आरम्भ की
तुम्हारी स्तुति होगी
प्यारी धरती
यात्रान्त का विगत भी
और नया आगत भी।

लिखे जाते शब्द

निरर्थक ध्वनियाँ हैं असल में
लिखे जाते शब्द
उच्चरित रूप में
प्रलाप

वाक् में दो ध्वनियों के बीच
अगर कोई सन्धि है
गुपचुप
दूसरों के लिए तर्कयुक्त विन्यास
अक्षरों के लिए
अर्थ का अन्तर्मिलन
परन्तु यह संयोग भी हो सकता है और
महज दुर्घटना भी

पदों में झरती
गेयता देखो

वह तुक से बाहर है छन्द से भी
दो आलापों की अनुगूँज
कहीं आत्मिक गोचरत्व
उभारती है कथाएँ सतत गल्प

लिखे जाते शब्दों से परे
खुलता है भाव द्वार
अन्धी गुफा से
अर्थान्तों के बाद
आरम्भ हो जाते हैं नये अर्थ
चीख और निरर्थक ध्वनियाँ
हवा में तैरते निःशब्द नाद
जब टकराते हैं
अकसर
नयी अर्थावलियों का
अन्तरिक्ष बनाते हैं।

रोशनी का अँधेरा

भीतर के आदमी को जगाया मैंने
मैदान में
खड़े होकर

गरीब बच्चे झुंड के झुंड खेल रहे थे
नंग-धड़ंग
नंगे पैर
डरे थे
मुझे देख नहीं
अगले पल से

अगले पल का डर
सता रहा था उन्हें
ऐसा मुझे लगा
न बीन पाएँगे वे
चीजें
जिन्हें ले जा सकें
घर से बाहर
कबाड़ी बाजारों में उनके पिता

भीतर के आदमी को

झिंझोड़ा मैंने
उठ-उठ
सोते-सोते ही सही। देख तो
इतनी बड़ी जनसंख्या में
कितने कम बच्चे हैं!
बच्चे हैं
स्वाभाविक दबाव से
खेल रहे हैं कुछ भी
और अगले पल
उन्हें ले जानी होंगी पॉलीथीन की
थैलियों में भर-भर

भविष्य
आसन्न भविष्य का संबल, थोड़ी उम्मीद
कुछ पैसे बटोरने की आश्वस्ति
पर खेलना
दौड़ना
खिलखिलाना
यह बचपन कैसे जाएगा
अधेड़पने तक
बिना सहारे

भीतर के आदमी को
भीतर से चिल्लाकर बुलाया जैसे
फिर गले के नीचे
खींची मैंने जीभ
और खाँसकर खँखारकर
बुलाया उसे दस्तक दे-देकर

भीतर का आदमी
हिन्दुस्तान की तरह
सो रहा है
उन लोगों की तरह
जिन्हें नहीं दिखाई देते
खुले में
खेलते बच्चे या भूख नंगई

खुले में
रोशनी में कितना अँधेरा है—ओफ़्फ...

अलिखित-अदिखत

सुख का
एक छोटा-सा टुकड़ा
टँगा है भविष्य के
आसमान पर
इन्तजार कर...

सदियों से
आया है मुझ तक
स्मृतियों से होता हुआ
झर-झर
इन्तजार कर...

सुख की वह
अदिखी इबारत
पढ़ तो लेता हूँ
अपने भविष्य के अतीत में
अलिखित
ललचाता है मुझे
दूसरे सुखों को छोड़
त्याग का भोगीला सुख
भरता है साँसों में दम-भर
इन्तजार कर...

और मैं
कभी न खत्म होने वाले
उम्मीद के उस टुकड़े से
बँधा हूँ जी-भर
इन्तजार कर...

वह यही कहता है
अनाम भवितव्य
अलिखित
अदिखत।

सुवास

कस्तूरी
जानवर-सी भटकन
पाता हूँ अपने भीतर
भगाता हूँ मृगतृष्णा को
बलात्
खुद से अलग कर

लेनिक मौके-बे-मौके
दबोच लेती है मुझे
वह भटकन

असहाय-सा मैं कोई
उसकी दबोच में
सिर्फ वहीं थिर
कसमसाता नहीं
न टिका रहता हूँ
भागकर
दूसरे पड़ावों की तलाश में
लपक लेता हूँ

यही तो चाहती है भटकन

उन्मुक्ति में भी
भटकता रहूँ मैं
सपनों में भी
ढोता रहूँ
भटकनों का हिमालय
छोड़ने वाला नहीं
यात्राएँ
भाग जाने वाले रास्तों की तरफ
देखना भी
बन्द कर दिया है गर

और यही
यही तो चाहती है भटकन
कि भीतर ही भीतर
अपने अन्तरंग में
भटकता रहूँ मैं

कस्तूरी निरीह
भटकती है
लड़ती है खुद से
दिन ब दिन

और सुवास का आस्वाद
फैलता जाता है दिगन्तों में

सिवा तृप्ति के
तमाम परिसीमाओं में
फैलता जाता है भटक़न-भरा

अछूता
अधैर्य

यही तो ताकत है सुवास की...

परन्तु मैं
सिर्फ मेरा मैं
हार मानने वाला नहीं।

अब कोई कहे
गिरफ्त का सिरा कहाँ है जब
वह फैला है चारों ओर
फिर अनन्त का
दिगन्त से
कहाँ होगा मिलना...

वाक् की निर्वाक वार्ता

फैलते अन्तरिक्ष का अर्थ
यही है कि हम
परे से परे को जानने के लिए
आगे बढ़ गये हैं अपने परिमापों में

कदम जहाँ नहीं नाप पाते दूरी
वहाँ वाक् नापता है
या कहें स्पन्दन
नहीं वह घड़ी थी जो धड़क-धड़क कर
पीछे छोड़ जाती थी अंक
सदियों के शून्य में

बढ़े अंतरिक्ष को
अतीत ने देखा निरभ्र आकाश में
सितारों के साथ चमकते सितारे
पहले बड़े फिर छोटे
फिर छोटे-छोटे जुगनुओं के धब्बे
फिर अदृश्य ही
बढ़ता रहा अन्तरिक्ष
चुपाते-चुपाते

नहीं बेध सकती थी जिसे आँख
उसे खुर्दबीनों ने
दूरबीनों ने देखा
और अब पल्सार
पल की हजारवीं धड़कन से भी परे
देखती है उपस्थिति की नयी सृष्टि

कैसे कहें नहीं बढ़ रहा होगा कुछ
हमारे अहंकार सा
जब वाक् में नहीं नापा गया
निर्वाक का लिया सहारा
और अब निर्वाक नाप रहा है दूरियाँ
फैलने अन्तरिक्ष की

ओ अन्तरिक्षों के स्वामी
यह मेरा आकाश
हमारे वाक् से भर गया है
फटने दो इसे
मिलने दो नये अन्तरिक्ष में

हम अब नये किसी नाप से
दूरियाँ जान लेंगे
दूर होते हुए...

खबरें

(1)

सविस्तार लिखूँगा खबर
जो दिखे
और दुर्घटना की तस्वीर के बाद
सुन्दरी का चित्र
सुरापात्र लहराते हुए हो

मातमी दृश्य था खबर में
गमलों में ताज़ा फूल
खाबरी का चेहरा
बरसों बसा रहने वाला था स्मृति में
तभी हवाई दुर्घटना की खबर आयी
थोड़ा ब्रेक सह लें
लॉटरी का फैसला आएगा अभी

सिर्फ बाढ़ से मरे कुछ हजार
करोड़पति हुए अभिनेता
भूकम्प ने तोड़े घर
मरे बच्चे
विस्तार से लिखूँगा खबर पर्दे पर
फिलहाल देखें बार बालाएँ।

(2)

खबर थी नेता की
अभिनेता थे कभी वे
बलिदान के अन्तिम अभिनय में निस्तेज
पर्दे पर।

खबर थी हर हलके में
थोड़ा भी नहीं गँवाया गरीबों पर
फिर भी पैरवीविज्ञ थे वे
और बहाते थे आँसू गरीबों के लिए
जब-तब हाँ गरीबी पर
सीधे पहुँचे संसद

और खूब कमाते रहे जीवन-भर
वंश के लिए जोड़ते रहे भरपूर
अभिनेता थे कुशाग्र
किसी को गले लगाया, किसी को छोड़ा
रोते थे देश की दशा पर
आओ बचाओ बचत करो
वंशज देते रहे शराब पार्टियाँ
तीस जनवरी को
आखिर दुःख था गाँधी के
न रहने का
पत्रकारों का दुःख था असीम
गम गलत किया
बेचारों को असंख्य गम हैं
सारी दुनिया के
गम की खबरों के बीच
जीवित हैं वे

धरती और पर्दे के बीच।
जीवित रहेंगे

जीवित रहेंगे नेता
अभिनेता
वेश्याएँ धर्मोपदेशक
उनके लिए मरेंगे
निहत्थे
भूखे
बेसहारा
मरना ही उन्हें
शोक से
चिन्ता से
युद्ध से और शान्ति से मरना ही है उन्हें

नेता की खबर पर्दे पर
अभिनय दक्ष
पर्दे पर
बनाएगा स्मारक पिता का पुत्र
दे जनता चंदा
दे ही रही है अनादि काल से
चंदा और कर
और सहती है युगों-युगों की भूख
आए भूकम्प
बाढ़
सूखा
जो रहता है खबरों में
लाला लालों के लड़के
और उनके झगड़े

राष्ट्रीय समस्याएँ हैं
इसीलिए सर्वोच्च समाधान
दिलाने के लिए
बेचैन है नेता
खबरों में
हेल्थ क्लब में उदास
खबरों में
देखो-देखो खबरें।
खबरों में
देखो-देखो खबरें...

(3)
मरे थे नेता जी
खबर थी अपूरणीय क्षति की
फिर भी जगह भरनी थी
खुश थे वे
शवयात्रा में वे खुश-खुश चेहरे देखो
कल उनमें से एक
बैठेगा इसी कुर्सी पर
और हम उसके गले में डालेंगे माला

स्मृति सभा के भाषण
पिछली मृत्युओं जैसे ही थे विशेषणमुक्त
विशेषण वैसे ही रहते हैं सबके लिए समान निरर्थक
केवल बदल जाती हैं संज्ञाएँ
घर में मातम था खुशी का
किसी को मिलनी थी जायदाद
किसी को उम्मीद थी करुणा के बहाने
कुर्सी मिलने की

किसी को तमाम चैनलों में
अपनी तस्वीर देख खुशी थी
खबर मातम की भी
फैला देती है खुशी, एक और मरे
नेता खुश था
उसका भी स्वार्थ था कुछ-कुछ छिपा हुआ
नेता के नाम से उसने
खुद को चमकाया चाँदी के जूते से
नेता को कब्र में दफना—
दफना दीं उसने पिछली संज्ञाएँ
और नये विशेषणों से
आरूढ़ हो जाएगा
नयी यात्राओं की दिशा में

खबर
दिशाओं तक फैला गयी थी खोजते नयी दिशा।

(4)
दंगों के कारोबारी दंग थे खबर सुन
थोड़ी उम्मीद से बड़ी पाकर घटना
चकित थे वे आशातीत

अपने आकाओं को
चकाचक चलबोलों से
सुनाई उन्होंने दुहराते हुए
खबर दंगों की
दंग थे दंगों के कारोबारी

फायदा ही फायदा था दुहरा-तिहरा
औने-पौने मिलेंगी जगहें
सस्ते मिलेंगे विधर्मी मजदूर
डरे
पर निष्ठावान होंगे कामगार
आखिर दंगों ने छोड़ ही दी छाप
शान्ति की
शान्ति से करेंगे वे काम
और शान्ति से फिर
अगले दंगे करने वाले दंगों में
शामिल हो
अपनी बहियों में देखेंगे
शुभ-लाभ...

(5)
पाँच बजते ही तलाशी हुई
यही थी खबर आतंक की
पाँच वह शाम के थे या सुबहर के
पाँच बजे थे रिर्फ
यही थी खबर आतंक की
पंचायतों में

समूह में आये थे खोजी
आतंकवादी भी
समूह में ढेर हुए कुछ
और न जाने कहाँ
अन्तर्धान हुए आतंकवादी
सरकारी पूछताछ जारी है, जारी रहेगी।

कृतज्ञता

उस तनाव के प्रति
आभार
जिसने विवेक को
आहत नहीं होने दिया

उस तरफ बैठी
शक्ति को
पता नहीं चला क्या घट गया
भीतर ही भीतर
कौंधा
डूबने से बच गया

हाँ डूबना ही था
रेते के ढूह में
वह क्षणांश की मौत
चाहे खौफनाक न थी
थी मौत ही
जिसे तने हुए ठण्डेपन ने
परास्त किया
अब यह कि हूँ

या नहीं भी

क्षणभंगुर है हर किस्म का
अस्तित्व
जो प्रताड़नाओं के
स्मारकों में
कैद होकर
सदियों रहता है

उसके प्रति भी
कृतज्ञ हूँ
पल पल प्रतीति देने वाले
पल के प्रति भी।

शान्ति स्तूप

ब्रह्म काल में
एक चौड़े पाट सी
प्रमाण वृतिका

क्यों न जगाए सन्देह

कभी
कैद कर सकते हैं
हम कल्पना

सोचने दो मुझे
पिछले जन्म में
था मैं राजकुमार

आज के जन्म में
कोई नहीं जानता
मैं भी नहीं।

हत्याओं से लौटे हत्यारे

क्या तुम पहचान लोगे उन्हें?
वे जब हत्यायें कर लौटते हैं
थकान से त्रस्त होकर नहीं
वे नरबलियों की
शौर्य गाथाओं के साथ लौटते हैं।

लौटते हैं किस्सों के चटखारे लेते हुए
बलात्कार का स्वाद याद करते हुए
वे जब ताकते हैं
लौटते मार्ग की सुन्दरियों को
वे ताकते ही रहते हैं
भविष्य के मौकों के लिए।

वे तमाम सफेदपोशों की तरह
हत्याओं की सफाई देते हैं
जब कोई पूछ लेता है
दर्ज कर लेते हुए उसका चेहरा
अगली वारदात में
नेस्तनाबूत करने के लिए।

देखा भी न हो उन्हें
तो भी वे पहचाने जा सकते हैं
अपनी पहचान
या अपने छिपाव से नहीं
वे जिस बेखौफ लहजे से
टहलते हैं, उसी से
पहचाने जाएँगे, स्वयं ही

पर तुम पहचान पाओगे

यहीं उन्हें जानना है!

हिम शिखरों की ओर ताकते बच्चे

अपने ऊँचे पहाड़ी घरों के छज्जों पर
ग्रीष्म की गहरी साँझ
आप देख सकते हैं उन्हें
देखते हुए अँधेरे की छाया में पसरे
हिम शिखर

वे दिन में भी देखते होंगे
पर उजाले में
कितनी ही चीजें हैं जिन्हें हम नहीं देखते
देखते हैं उन्हें
अपने निपट एकान्त में

वे देख रहे हैं कलियाए पहाड़ों के सिरों पर
उजास सी कोई
बदलायी आभा

कभी कभी वैसे ही अभ्यास में
उठती हैं उधर नजरें
तो कभी सायास
कुछ खोजती हुई
शायद चाँदी जैसी चमक

अभी-अभी तो बुला लाये थे संरक्षक
खलिआनों में खेलते बच्चों को
पशुओं की खदेड़ की तरह
वे छज्जों पर जम आये हैं अँधेरे में

उन्हें नहीं बोध
माँ-बाप साँझ होते ही
क्यों बुला लेते हैं निकट
नहीं परिज्ञान
निकट लाना एक सुरक्षा है स्वतः स्फूर्त
एक स्वायत्त संसार की

डर...जैसे हिम शिखरों का तमवर्णी आकार हो
वे उस भुतहे खयाल से डर कर
देखते हैं हिम शिखर।

हिम शिखरों के पार
एक अज्ञात दुनिया है
कल्पनातीत खज़ानों से भरी

छोटे-छोटे बच्चे
छोटी-छोटी जरूरतों के लिए
सपना लेते हुए देखते हैं हिम शिखर

क्षण भर पहले
शाम के धुँधलके में
अपने खेलों में मस्त
वे अपनी ही दुनिया में थे

अब वे दूसरों की दुनिया में हैं
डरे सहमे
निर्धारित संरक्षण में
बँधे बुझे
गहराती साँझ की तरह

सन्नाटे से मुठभेड़

सन्नाटे की वर्णहीन छाया
धीरे-धीरे
जन्माती है मनस्ताप

वह एक क्रियाहीन आरम्भ था।
जब
सन्नाटे का ध्वनिहीन संगीत
बोध के प्रखर रास्तों से
उपजा था

अब अपने अगले विकास में
वह क्रूरता का अदेखा
गीत है
जो पल-पल
भीतर ही भीतर
एक गुस्से की तरह भिड़ रहा है
अर्थहीन आवेश की पोशाक में
मैं उसे अचल
किन्तु काँपते देखता हूँ

गुस्सैल हवा के कदम
देर तक प्रतीक्षा के उबाऊ आक्रमण की तरह
इस मनस्ताप की झील में
घुलमिल रहे हैं

इस अदृश्य शत्रुता से
बचना नामुमकिन है।

ओ मेरी सदी

तुझे युद्धों का शौक था
महायुद्धों में पूरा किया
सतत युद्धों से भी
विराम नहीं लिया।

तुझे हत्याओं का शौक था
सामूहिक हत्याकाण्डों में
छुट-पुट वारदातों में
वह भी
बिना विराम पूरा कर रही हो
क्रान्तियों में
नहीं छोड़ा तुमने
हिंसा के
नरमेध को

हर मोर्चे पर
जहाँ-जहाँ शान्ति की
कामना की
वहीं तुमने छेड़ा
हिंसा का तांडव

ओ मेरी सदी
अपनी यात्रा पूरी करते हुए भी
जैसे तुम
भ्रान्तियों को जनम देकर
लगता है पृथ्वी में
हर गली-मोहल्ले से
चाहती हो अपने शिकार
देखो देखो कहाँ नहीं हो रही है
हत्या,
        आगजनी,
                बलात्कार....

हेमिस की सन्ध्या

गुपचुप पहाड़ों के बीच
शान्त है बौद्ध विहार
शान्त है पद्म सम्भव
शान्त है भगवान बुद्ध

केवल अशान्त है मेरा मन
श्वेत हिमशिखरों को
देख-देख
सदियों से देखा होगा
आँखों ने
सदियों से चीन्हा होगा
मन ने
बहती हवाओं के साथ
शून्य के पड़ाव में
शान्त है सब कुछ
मेरी मौन अशान्ति के साथ

प्रश्नों से भरा है
अन्तर
क्यों हो तुम शान्त
जबकि दुनिया

अपने घिनौनी
अशान्ति में
चल रही है चाहे
किसी दिशा में
ओ—उत्तर देने वालो
सोच लो
तुम चाहे स्वयं
आत्माएँ हो
या स्वयं अवतार
पत्थर की तरह
शान्ति में
निवसित हो चाहे
उत्तर देने से पहले
सोच लेना
हर शान्ति ने
भीतर से कुछ
कैद कर
कसा हुआ है

अशान्त है सब कुछ
मेरे जैसा
भीतर से
बाहर से
फिर भी
यह प्रश्न है। सतत...

अँधेरे के बीज

फूटने लगे हैं
अँधेरे के बीच
अँधेरा फोड़कर

उन्हें विकसने के लिए
चाहिए थी अनुकूल जमीन

दहलीज के पार भविष्य में
बन सकें वे विराट वृक्ष
इसीलिए सबसे पहले
बोने वालों ने वर्तमान को
अँधेरे जैसी कला दी

अब कुल्ले फूट आये हैं
निपट उजाले में वे धीरे-धीरे
फैला रहे हैं अँधेरे की गुह्यता

आलोक
अपने दर्प में अँधेरे से भिड़ने के लिए
दूसरे अँधेरों से सन्धि करने को तैयार है
ऐसी ही खबर है

पर अघोषित युद्ध के परिणाम
भविष्य नेताओं को खुश करते हैं
उनकी भविष्यवाणियाँ सच होंगी
पर इस सच को देखने के लिए
शायद अँधेरा ही बचेगा

और ज्यादा पैदा नये बीजों के लिए
खोजने पड़ेंगे
नये ग्रह नक्षत्र

गन्तव्य

चल रहा हूँ वर्षों से
नहीं पहुँचता हूँ
कहीं भी।

वहीं से शुरू
हो जाती है दिन की यात्रा
जहाँ हुई थी खत्म।

सदियों से
ऐसा ही
चल रहा है क्रम
दुनिया भी
नहीं पहुँचती कहीं
अन्तरिक्ष के रास्तों से।

रास्ते वही हैं
चलती हुई दुनिया के
आदमी के
उतना ही बदलता है सब कुछ
जितना फिर फिर
किसी भी दुहराव में

मौसम
बदलता है।

यह जो मैं
चल रहा हूँ
क्या अपने को छल रहा हूँ
गति में
प्रगति में

यह जो गन्तव्य है
वह भी वही है
जैसे चलना है

चलने से गन्तव्य तक
रास्ते
अपनी जगह नहीं बदलते
मन्तव्य से
फिर किसी भवितव्य का
रास्ता
हो जाता है तय

चल रहा हूँ मैं भी
गन्तव्यों की ओर
पर पहुँचता
कहीं भी नहीं

स्मृति की खोह

शहर में मेरे साथ ही
बहुत पहले
चला आया था अदृश्य-सा मेरा समूचा गाँव
चले आये थे मेरे साथ
मेरे पेड़
फूल, पत्तियाँ, खेत, खलिहान
यहाँ तक कि जंगल और बियाबान
चले आये थे खामोश

वे सब रहते हैं मेरे साथ ही
खाँसते बूढ़े,
प्रतीक्षारत विवाहिताएँ
निस्पृह खेतिहर, अबोध बच्चे

जहाँ भी जाता हूँ
हाथ पकड़े ले जाता हूँ उन्हें
उनके उत्सव, झण्डे, मन्दिरों की ओर लपकते मन
खेतों में सुस्ताती वृक्ष-छायाएँ
पके फलों की लदी टहनियाँ
इधर-उधर फुदकती चिड़ियाँ
और जब भी वक्त मिलता है, कुर्सी के हत्थे पर सिर टिका

उनसे बतियाता हूँ दिवास्वप्नों में
शहर की बसों में चढ़ते
बूढ़ों और औरतों को जगह देते
मैं उन्हीं का आदर बाँट देता
खिलंदड़े बच्चों को चुमकार
फिर से पा लेता हूँ उन्हीं से पाया प्यार

मेरा सारा-समूचा गाँव
हिलकता
खड़ा हो जाता है दुर्घटनाओं में
और मुझे धकेल कर कहता—
'बढ़ आगे'
और जैसे उन्हीं के हाथों सहेजता किसी अपरिचित को
जुड़ जाता उनके आतिथ्य भाव में
उनका समवेत स्वर कहता—
'कहीं भी हो तुम। वे सब तुम्हारे हैं
जो तुम्हारी तरह चलते हैं गिरते हैं
भटकते हैं।'

समूचा गाँव चलता अदृश्य मेरे कदमों के साथ
चलकर उस छोटे-से कमरे की शैया पर
मेरे ही साथ लेट जाता
हम सब लोग ऐसे ही तो रहते थे अपने गाँव में
कमरे की दीवारों पर
मेरी ऊँघ के साथ ही
सज जाता पूरा गाँव। बिछ जाती बिसात
चौपड़ खेलते बूढ़े पहले तो कामातुर आँखों से
ताकते सुन्दरियाँ
फिर कपाल खुजाते

चुप हो जाते हिसाबी-किताबी
और महँगाई की मार पर
कोसते अदृश्य को
राजा, कारिन्दों को
और खुद को
कमरे की सीधी दीवारों पर उग आतीं पगडंडियाँ
खेतों की ओर भागते पाँव
झरने से पानी लाती कामिनियाँ
मैं स्मृति में दबोच लेता उन्हें
अपनी बाँहों में
और कल्पना में ही उनसे होता निवेदित
पगडंडियों पर हमसाथियों के पीछे
मैं भी तो होता
असंख्य पाँवों के पीछे
हाँ बन्द होते मेरे पाँव जूतों में
पर वे फटे पाँव
पाँत में चलते
पहुँचते हैं कस्बों, शहरों
व सड़कों के किनारों तक
वे फैलते हैं पूरे महादेश में
फैलते ही रहते हैं वे खाली
नंगी खड़ी दीवारों पर
सोता है गाँव मेरी विस्मृति में
जागता है स्मृति में।
रात-रात उनके साथ
एक होते हुए मैंने देखा है
उन्हें रोते हुए
वे गाँव से दूर होने की वजह

नहीं रोते
रोते हैं स्वर्ग की तलाश में
पाकर नरक
मैं उन्हें हँसते भी देखता हूँ
हैरत में
उनके चीड़ों से बड़े हो गये हैं
शहरों के मकान।
वे हँसकर कहते हैं मुझसे
जैसे-जैसे बढ़ रहे हैं ऊँचे मकान
आदमी का दिल छिप कर छोटा हो रहा है
क्या वजह?
मैं खोजने लगता हूँ वजह
किताबों, अखबारों में
खिसकता है वजह का सिरा मुझसे
वे पूछते हैं हँसकर
दीवारों पर टपाटप रिसता है पानी
शहर का पानी
जंग लगी तस्वीर से घिर जाता है शहर-घर
हाँ, आये थे वे मेरे साथ
मेरे ही साथ पहले पहल
आलिंगनबद्ध से
कि मुझे लगा ही नहीं भीड़ भरे इस शहर में
अकेला हूँ मैं
मेरे साथ आये थे मिस्त्री, बढ़ई, चमार, लोहार
पंडित, खत्री, कामगार
शहर में घुसते
मेरी ही तरह उनकी चौकस आँखों में
चमकी थी चौंक
घबराहट

और दहशत।
समूचे गाँव के झगड़े भी साथ आये थे
और रहस्य भी
उनका अतीत भी चुपचाप चला आया था पीछे-पीछे
बीमार कुत्ते-सा लँगड़ाता निःशब्द।
भीतर के झगड़ों से टूटते गाँव की धूल भी आयी थी
पहाड़ के सिरों पर टँगी
अन्तरिक्ष की चुप्पी भी
आये थे विशाल पर्वत
बर्फ लदी चोटियाँ
सुबह और शाम के
मनोहारी दृश्य।
लालच में जब-तब
चुपके से बिना आहट
उन्हें पलट लेता हूँ देखने
रातें बिता देता हूँ गाँव-घर की उसी खिड़की पर
जो अभी भी चिपकी है
मेरे बायें कोंन से
जहाँ से देखता हूँ
गौरी शंकर
बन्दर पुच्छ
गाँव के साथ ही चला आया है
टूटा राजराजेश्वरी मन्दिर
मूर्तिहीन
बियाबान में चुपचाप
समय के हाथों होता ध्वस्त

ढोल-नगाड़ों वाले
मासान्त संक्रान्ति की वे धुनें

बजबजाती रहतीं है जब-तब
शहर में पता नहीं मुझे
कब होता है मासान्त? कब सुबह?
गाँव के साथ कितनी ही चीजें आयी थीं
नजदीक का कस्बा
बाँज का जंगल
नयी बनी सड़कें
बन रहे स्कूल
गरीब बच्चों के झोले
कड़ाही पर पका साग
मेरी मूल भी चली आयी थी।
जिसे सचमुच भूल आया था गाँव में।
बरसों बाद
अचानक
न जाने क्या हुआ कि शहर में रहते-रहते लगा
रूठ गया है गाँव
अब न वह सपने में आता है, नमक भवन की दीवार पर
न स्मृति में
कितने बरस हो गये
पहले कभी-कभार किसी की मृत्यु में
बीमारी के एकान्त में
दबे पाँव सहमे-सहमे वह आता था
खड़ा हो जाता था ड्योढ़ी पर
संकोच में सिरहाने के पास आकर
बेहद औपचारिक झेंप में
अब नहीं आ रहा है गाँव
और मैं अपने अकेलेपन में
कसमसा कर
दौड़ता हूँ सुबह-शाम महानगर की ओर

खोजता हूँ अपने सारे समूचे गाँव को
अपने ही इर्द-गिर्द
आत्मा के द्वार पर न खुलने वाला ताला जड़ा है।
लौट तो नहीं गया होगा गाँव
सोचता हूँ अपने ही गाँव की तरफ
शहर से चलकर
नयी सड़कों से
वहाँ पहुँच मैंने देखा है
नहीं है वहाँ अब मेरा गाँव
कुछ बरस पहले
पिता की मौत पर तो वह वहीं था
मातम में
बाँटता हुआ अपनत्व
न वहाँ वे पेड़ हैं
न मकान
न छतें
न आसमान
न वे बच्चे
न बूढ़े
न वैसी सुन्दरियाँ
न खलिहान
न बियाबान
दौड़-दौड़ कर इधर-उधर
खोज रहा हूँ मैं अपना गाँव
आपने...
तुमने कहीं देखा हो
तो बस एक बार
ले आना मुझ तक उसे
ओंकार की अनन्त यात्रा से पहले

मैं जी भर कर चूमना चाहता हूँ
आभार में
अपने उस गाँव को
वह पहले तो मेरे साथ ही आया था
शहर में
झटक कर, मुझे अकेला कर कहाँ चला गया वह
स्मृति की खोह में
ढकेल रहा हूँ मैं पत्थर
आगे सिर्फ अँधेरा है...

दो ध्रवों के बीच

होता है यहीं पैदा
खिलौना धरती पर ही
ढेर होता है
टूटकर अपनी निस्सारता में

दो सिरों के मध्य
जुड़ता है सेतु
स्मृति में रहता है यहीं तक

यहीं तक है प्राप्तियों का अन्त
यहीं से है शुरू
एक बियाबान जंगल
अँधेरे की खोह तक जाता है पथिक

दो ध्रुवों के बीच
एक अमेल सूत्र
सेतु है
शून्य और
मिट्टी के कण

होता है यहीं सब
और यहीं
फिर नहीं हो जाता है।

वह जो सामने है

तुम्हारी आँखों से देखूँगा
अपनी यह दुनिया
ओ नन्हे अजन्मे शिशु
अब तुम कहीं किलकोगे
अगली अर्धशती में
तब देखूँगा
सदी पार पहुँची अपनी स्वतन्त्रता।

सदी पार जाएगा वह अखरोट का पेड़ भी
जिसे आगामी किसी कल
रोपना है मुझे

चालीस साल बाद
जब पहले फल आएँगे
उन्हें चखेंगे नटखट शिशु
दूध धुली उनकी दन्त पंक्तियों में
हँसूँगा मैं

कौन बतायेगा उन्हें
न...न...इस भाषा में
जिसमें लिख रहा हूँ

शायद वे न समझेंगे
क्योंकि तेजी से बदल रही है भाषा
और यह लिखा
संग्रहालय की चीज रह जाएगा
पुराने भोजपत्र-सा
तुम्हीं बताना ओ अनुभव की भाषा
जब वे हरे अखरोट तोड़ेंगे

उनके हाथों पर
फैलेगा वह हरा रस
जो हाथों को
और होठों को काला बना देगा

उन काले होठों से
मैं अपने आगामी भविष्य के
उद्दाम चुम्बन लूँगा
रस भरे वासना में लिप्त।

जिन रास्तों पर
हम चले हैं। वे तो बियाबान हो जाएँगे
तुम अपने अपने यान से
जब भी देखोगे धरती
मैं तुम्हारी आँखों से
अपने पुरखों के पुराने करतब देखूँगा।

पर जब भी देखूँ तुम्हारी तरह हिमालय
एक श्वेताभ उजास
दिव्य
किन्तु लौकिक

कुछ आत्मीय
भीतर बसने वाला

फिर फिर देखूँगा
हाँ तुम्हारी आँखों से
पलटते राज्य
सनसनीखेज घटनाएँ

और नये जन्म देखूँगा
नये नये फूल
जब भी तुम कुछ भी देख रहे हो
ठीक तभी
मैं भी देख रहा हूँगा वह कुछ भी...

❑❑